Antigo Testamento
para ler e colorir

Editora Appris Ltda.
1.ª Edição - Copyright© 2025 dos autores
Direitos de Edição Reservados à Editora Appris Ltda.

Nenhuma parte desta obra poderá ser utilizada indevidamente, sem estar de acordo com a Lei nº 9.610/98. Se incorreções forem encontradas, serão de exclusiva responsabilidade de seus organizadores. Foi realizado o Depósito Legal na Fundação Biblioteca Nacional, de acordo com as Leis nºs 10.994, de 14/12/2004, e 12.192, de 14/01/2010.

FICHA TÉCNICA

EDITORIAL	Augusto V. de A. Coelho
	Sara C. de Andrade Coelho
COMITÊ EDITORIAL	Marli Caetano
	Andréa Barbosa Gouveia (UFPR)
	Edmeire C. Pereira (UFPR)
	Iraneide da Silva (UFC)
	Jacques de Lima Ferreira (UP)
SUPERVISORA EDITORIAL	Renata C. Lopes
PRODUÇÃO EDITORIAL	Bruna Holmen
REVISÃO	Bruna Fernanda Martins
PROJETO GRÁFICO	Amélia Lopes
ILUSTRAÇÃO	Microsoft Creat IA
REVISÃO DE PROVA	Colméia Studios

Catalogação na Fonte
Elaborado por: Dayanne Leal Souza
Bibliotecária CRB 9/2162

```
C198a    Campos, Alessandra Costa
2025        Antigo testamento: para ler e colorir / Alessandra Costa Campos. – 1. ed.
         – Curitiba: Appris, 2025.
            84 p. : il. ; 21 cm.


            ISBN 978-65-250-7848-9


            1. Histórias bíblicas. 2. Desenhos para colorir. 3. Reflexões espirituais.
         I. Campos, Alessandra Costa. II. Título.
                                                              CDD – 028.5
```

Editora e Livraria Appris Ltda.
Av. Manoel Ribas, 2265 – Mercês
Curitiba/PR – CEP: 80810-002
Tel. (41) 3156 - 4731
www.editoraappris.com.br

Printed in Brazil
Impresso no Brasil

Alessandra Costa Campos

Antigo Testamento
para ler e colorir

artêrinha
Curitiba, PR
2025

Ensina a criança no caminho em que deve andar, e, ainda quando for velho, não se desviará dele.

(Provérbios 22: 6)

AGRADECIMENTOS

Agradeço primeiramente a Deus, que diariamente aponta novas possibilidades para minha vida.

Ao amor, sem ele a vida não seria possível.

À minha família: pai, mãe (*in memoriam*) e familiares maternos por estarem sempre ao meu lado.

A meus amigos e amigas, muito obrigada!

Às crianças,

vocês são especiais.

Este livro é dedicado a vocês.

Quando forem maiores, leiam a Bíblia.

Aos pais ou responsáveis,

convido vocês a participarem, junto de sua criança, desta leitura,

que tem por objetivo, de forma simples e divertida, entender um pouco da palavra de Deus.

PREFÁCIO

Ensina a criança o caminho que deva andar e quando crescer, não se desviará dele.
Prov. 22:6

É com grande alegria e honra que apresento esta obra maravilhosa que irá de uma maneira criativa e alegre, apresentar e ensinar a palavra de Deus para as nossas crianças. A bíblia da criança é uma aventura colorida e de fácil aprendizado, que irá trazer interesse ao ensino da palavra de Deus. A autora preparou esta obra com muito amor e carinho, então, vamos viajar e aproveitar para aprender tudo que Deus planejou para cada um de nós.

Deus abençoe,

Pr. André Luís Gomes Mariano
Pastor da Igreja do Evangelho Quadrangular Zona sul de Juiz de Fora/MG

SUMÁRIO

1. A CRIAÇÃO DO MUNDO 15
    O pecado 16
    A lição do pecado – Adão e Eva 17
2. NOÉ 18
    A lição da Arca de Noé 19
3. TORRE DE BABEL 20
    A lição da Torre de Babel 21
4. ABRAÃO 22
    O sacrifício de Abraão 23
    A lição de Abraão 24
5. ISAQUE 25
    Irmãos gêmeos 26
    A lição de Isaque 27
6. ESAÚ E JACÓ 28
    A lição de Esaú e Jacó 29
7. JOSÉ 30
    O sonho de José 31
    A lição de José 32
8. MOISÉS 33
    As dez pragas 34
    Filho adotivo 36
    A lição de Moisés 37
9. DESERTO 38
    Os Dez Mandamentos 39
    A lição do deserto 41
10. TERRA PROMETIDA 42
    A lição da Terra Prometida 43
11. OPRESSÃO NA TERRA PROMETIDA 44
    Gideão 45
    Sansão 46
    A lição da Opressão na Terra Prometida 47
12. RUTE 48
    A lição de Rute 49

13. SAMUEL ... 50

A lição de Samuel ... 51

14. REIS DE ISRAEL ... 52

Davi (1) ... 53

Davi (2) ... 54

Davi (3) – o pecado ... 55

Salomão ... 56

A sabedoria de Salomão ... 57

A lição dos Reis de Israel ... 58

15. ELIAS ... 59

Elias e a viúva ... 60

Elias e os profetas de Baal ... 61

A lição de Elias ... 62

16. ELISEU ... 63

Eliseu e Naamã ... 64

A lição de Eliseu ... 65

17. ESTER ... 66

Ester (2) ... 67

A lição de Ester ... 68

18. JÓ ... 69

Jó (2) ... 70

A lição de Jó ... 71

19. DANIEL ... 72

Daniel (2) ... 73

A importância de uma alimentação saudável ... 74

Daniel na fornalha ... 75

A cova dos leões ... 76

A lição de Daniel ... 77

20. JONAS ... 78

Jonas (2) ... 79

A lição de Jonas ... 80

21. ISAÍAS ... 81

22. MENSAGEM DE FÉ E ESPERANÇA ... 82

1. A CRIAÇÃO DO MUNDO

No início, Deus criou o céu e a terra, mas era tudo escuro e vazio. Aí Deus disse: "haja luz" e houve luz. Mas as coisas que conhecemos hoje ainda não existiam. Em seis dias, Deus criou tudo: criou a água, o mar, o sol, as nuvens, a terra, as estrelas e os animaizinhos. Até que Deus decidiu criar o homem. Ele disse: "Criarei o homem a Minha imagem e semelhança". Deus falou para o homem cuidar de tudo o que Ele havia criado. Por último, Deus criou a mulher. No sétimo dia, Ele descansou. O homem se chamava Adão, e a mulher, Eva.

Figura 1: O mundo criado por Deus é incrível: o sol, os animais e as diversas paisagens existentes ilustram esta perfeição.

O pecado

Quando Deus criou Adão e Eva, Ele colocou o casal em um lugar muito bonito chamado "Jardim do Éden". Lá eles tinham tudo o que precisavam e eram muito felizes. Deus deu uma única ordem ao casal: que eles não comessem da fruta da árvore que estava no centro do Jardim. Mas a serpente (que era muito esperta) enganou Eva e ela ficou curiosa em saborear aquela fruta. Assim, Eva desobedeceu a Deus, comeu a fruta e ainda ofereceu um pedaço para Adão. Os dois foram expulsos do paraíso. Depois disso, coisas ruins passaram a acontecer na Terra, inclusive a morte. Adão e Eva tiveram filhos e povoaram a Terra.

Figura 2: Adão e Eva sentem-se atraídos pelo fruto proibido.

A lição do pecado – Adão e Eva

Adão e Eva viviam em um lugar perfeito onde eles tinham tudo o que precisavam e não havia problemas. Mas eles deram ouvidos à serpente, que, de forma enganadora, fez com que eles desobedecessem a Deus. O pecado é o início de todos os males. Às vezes, as pessoas fazem coisas erradas e não veem, de imediato, o resultado de seus erros. Mas, no futuro, com certeza, coisas muito ruins acontecerão. Na atualidade, em virtude do pecado de Adão e Eva, não vivemos uma vida perfeita, mas as coisas podem ser melhores se estivermos debaixo da proteção de Deus.

Figura 3: Adão e Eva no Jardim do Éden antes de serem seduzidos pelo pecado. Tudo era perfeito.

2. NOÉ

Depois de muito tempo, as pessoas que foram nascendo eram muito más, tão más a ponto de Deus se arrepender de ter criado o mundo. Então, Ele quis destruir tudo o que existia por meio de uma grande chuva. Mas, no meio de tanta gente má, Deus encontrou Noé, que era bom e justo. Então, Ele fez uma aliança com Noé: pediu que ele construísse uma grande arca, tão grande que nela deveriam caber, além da sua família, dois animaizinhos (macho e fêmea) de cada espécie. Assim, depois que aconteceu a grande tempestade, a Terra foi repovoada pela família de Noé e pelos animaizinhos.

Figura 4: Noé com os animais na arca protegidos em meio a chuva e às águas crescentes.

A lição da Arca de Noé

Noé viveu um tempo em que as pessoas eram muito más e não temiam a Deus. Ainda assim, ele continuou sendo bom e fiel ao Senhor. Então, quando chegou o dia ruim (a grande tempestade), Deus foi com Noé e não o desamparou. Deus fez uma aliança eterna com Noé e todos os seres vivos que nasceram depois dele de que o mundo não mais acabaria inundado na água. Então, Deus colocou um sinal no céu que lembra essa promessa. Vocês sabem que sinal é esse? É o arco-íris. Da próxima vez que você olhar para o céu e ver um arco-íris, lembre-se de que é a aliança de Deus com a humanidade.

Figura 5: A chuva diminui e alguns animais já começam a sair da arca. A Terra voltará a ser povoada.

3. TORRE DE BABEL

Depois que Noé saiu da arca, multiplicou a população e as pessoas falavam uma única língua. Um dia, o povo teve a ideia de construir uma torre gigante que chegasse até o céu. Naquela época, o coração das pessoas estava cheio de vaidade e orgulho. Então, Deus desceu e viu que todos trabalhavam unidos em um projeto que aumentaria ainda mais aqueles sentimentos ruins. E Deus, para o bem do próprio povo, confundiu sua linguagem, de forma que as pessoas não mais conseguiam se entender. Isso causou uma grande confusão e não foi possível concluir aquela obra.

Figura 6 – A grandiosa construção que encheu o coração dos homens de arrogância e ambição desmedidas.

A lição da Torre de Babel

Vaidade e orgulho são sentimentos ruins que prejudicam a vida das pessoas. Devemos caminhar com Deus de forma humilde, respeitando a nós mesmos e ao próximo, independentemente de sua raça, cor, sexo, classe social ou religião. Não devemos achar que somos melhores e nem piores do que ninguém. Todos temos nosso valor diante de Deus. Outra coisa ruim é acharmos que somos "perfeitos" e que não precisamos da ajuda de ninguém. Isso não é verdade. Todos necessitamos de outras pessoas (parentes e amigos) e de Deus para viver. Por isso, devemos ajudar uns aos outros e sermos fiéis a Deus.

Figura 7 – A variedade de línguas deu origem a diferentes povos, culturas e nacionalidades.

4. ABRAÃO

Abraão já era muito velho quando Deus apareceu e prometeu que ele teria um filho. Sara, sua esposa, além de ser idosa, era estéril e não podia engravidar. Naquela época, Deus mandou Abraão contar as estrelas do céu, dizendo que assim seria sua descendência (número de filhos, netos, bisnetos, tataranetos). Vinte e cinco anos depois, Abraão estava com cem anos de idade e continuava sem filhos. Mas ele continuava acreditando no milagre de Deus e o que ele tanto esperava aconteceu. Nada impediu a benção de Deus na vida de Abraão. Mesmo sendo velha, Sara engravidou e nasceu Isaque.

Figura 8 – Abraão olha para as estrelas e medita nas promessas de Deus.

O sacrifício de Abraão

Aconteceu, quando Isaque era jovem, que Deus pôs Abraão à prova, dizendo: pegue Isaque, seu único filho, a quem amas, e vá até a Terra de Moriá. Ali, na montanha, quero que você queime o seu filho em sacrifício. Abraão, mesmo diante daquela ordem, não questionou e preparou tudo para fazer o que Deus havia pedido. Só que, na hora de cumprir, apareceu um anjo e o impediu de sacrificar Isaque, dizendo: não faça nada contra o rapaz, porque agora sei que temes a Deus e não negaste teu único filho. E Deus abençoou Abraão grandemente, sendo ele o "Pai da fé".

Figura 9 – Abraão é interrompido pelo anjo do Senhor no momento em que sacrificaria o filho Isaque.

A lição de Abraão

Abraão viveu o impossível de Deus em um tempo em que não se ouvia falar de milagres e nem havia testemunhas. Mesmo diante de uma situação muito difícil, ele não desanimou. Abraão queria ter filhos, mas ele era muito velho para isso e sua esposa também. Além disso, Sara era estéril e não podia engravidar. Acontece que para Deus tudo é possível, e, se for da vontade Dele, as coisas acontecem. Você já viu acontecer algum milagre na sua vida ou na vida de alguém próximo a você? Mesmo que você não tenha visto nada parecido, seja como Abraão: creia em Deus, persevere, e não perca a fé, porque Ele é fiel.

Figura 10 – Quando o anjo impede Abraão de sacrificar o filho, um carneiro é apresentado em substituição a Isaque.

5. ISAQUE

Isaque é o filho que Deus prometeu a Abraão. Quando Isaque ficou adulto, Abraão pediu a um de seus empregados que buscasse na terra dele uma esposa para seu filho. O empregado de Abraão, então, pediu a direção de Deus e encontrou Rebeca, uma moça que, além de muito bonita, era educada e serva de Deus. Acontece que Rebeca também era estéril. Então Isaque orou e ela engravidou de gêmeos: Esaú e Jacó. Quando os bebês ainda estavam na barriga da mãe, eles lutavam entre si: primeiro nasceu Esaú, e, depois, Jacó, puxando o calcanhar do irmão.

Figura 11 – Rebeca vai até o poço tirar água para sua família. Lá ela encontrará o servo de Abraão.

Antigo Testamento para ler e colorir

Irmãos gêmeos

Você sabe o que são irmãos gêmeos a exemplo de Esaú e Jacó? Irmãos gêmeos são crianças que nascem da mesma mãe, na mesma gestação, e possuem a mesma idade. Não existe um número certo de gêmeos: eles podem ser duas, três, quatro ou até mais crianças. Os irmãos gêmeos podem ser muito parecidos ou não. Existem aqueles que não se parecem nada um com o outro e podem até ser de sexos diferentes (menino e menina). Você possui um irmão gêmeo ou conhece alguém que tem? Já confundiu alguém com o seu irmão gêmeo? Conta pra gente.

Figura 12 – Esaú e Jacó são irmãos gêmeos com características diferentes. Esaú cresceu forte, peludo e ruivo; enquanto Jacó era "liso".

A lição de Isaque

Isaque aprendeu com seu pai Abraão as verdadeiras lições da fé e disso não se esqueceu quando se tornou adulto. Assim como o pai, Isaque também enfrentou dificuldades com sua esposa, Rebeca, que era estéril e não podia ter filhos. Então, ele orou e foi abençoado por Deus. E ainda foi abençoado em dobro, pois sua esposa engravidou de gêmeos: Esaú e Jacó. Devemos ser como Isaque e não nos esquecermos das lições de Deus quando nos tornarmos adultos. Isso será muito valioso para nós. Deus tem um chamado especial para as crianças. Ele disse que aquele que for como vocês herdará o Reino dos Céus.

Figura 13 – Isaque aprendeu lições importantes sobre a vida e a fé com seu pai, Abraão.

6. ESAÚ E JACÓ

Os irmãos cresceram juntinhos. Esaú era caçador, e Jacó, homem simples, que morava em tendas. Um dia, Esaú chegou cansado de tanto caçar e Jacó tinha preparado uma comida gostosa. Então, Esaú pediu um pouco daquela comida para o irmão, mas ele não quis dar. Ao contrário, Jacó propôs a Esaú que ele lhe vendesse seu *"Direito de Primogenitura"* e ele aceitou. O que significa *"Direito de Primogenitura?"* Naquela época, o filho que nascia primeiro tinha mais bênçãos da parte de Deus. Por isso, Jacó lutou na barriga da mãe para nascer primeiro, mas ele não conseguiu.

Figura 14 – Esaú e Jacó meninos, brincando.

A lição de Esaú e Jacó

Em várias histórias da Bíblia, Deus fala sobre o perdão. No caso dos filhos de Isaque, Jacó, querendo ter o "Direito de Primogenitura", aproveitou da fome do irmão para tomar posse daquilo que não era dele. Isso teve consequências. A Bíblia mostra que Jacó teve que fugir e enfrentou muitas situações difíceis na vida por medo do irmão. Por outro lado, Esaú deu espaço para o Senhor trabalhar em seu coração e perdoou Jacó. Muitas coisas acontecerão em nossas vidas, e nós, assim como Jacó, vamos errar algumas vezes; por outro lado, também teremos de perdoar as pessoas, como fez Esaú.

Figura 15 – Esaú e Jacó, adultos, se reconciliam após muitos conflitos.

Antigo Testamento para ler e colorir

7. JOSÉ

Jacó teve 13 filhos: Rúbem, Simeão, Levi, Judá, Dã, Naftali, Gade, Aser, Issacar, Zebulom, Diná, José e Benjamim. Quando José tinha 17 anos, ele apascentava as ovelhas junto dos irmãos. Mas os irmãos tinham muita inveja dele. Um dia, José teve um sonho e contou para os irmãos, que não gostaram nada do que ouviram. Então, os irmãos planejavam coisas más contra José, conseguindo com que ele fosse vendido como escravo para os egípcios. Mas, mesmo diante da injustiça, Deus era com José e o abençoava. No Egito, José conquistou a confiança de Faraó, que, vendo sua fé e sabedoria, fez dele governador.

Figura 16 – O jovem José no Egito. Mesmo em meio a situações complicadas, ele era bem-sucedido no que fazia, porque Deus era com ele.

O sonho de José

Mas afinal, o que José sonhou? José sonhou que ele e os irmãos estavam colhendo trigo e cada um tinha um feixe em suas mãos. O feixe de trigo dos irmãos se inclinava diante do feixe de José. O que isso significava? Que, no futuro, José seria uma pessoa de autoridade perante sua família, o que, de fato, aconteceu quando ele se tornou governador do Egito. Qual foi o final dessa história? Deus criou uma oportunidade para que José se reencontrasse com os irmãos e seu pai. Nisso, os irmãos se arrependeram de suas más obras e foram perdoados por José.

Figura 17 – O sonho de José se torna realidade: ele se tornou governador do Egito.

Antigo Testamento para ler e colorir

A lição de José

A história de José nos ensina a crer em Deus mesmo quando somos alvo de mentiras e injustiças. José foi injustiçado por seus irmãos, que, por motivo de inveja, o venderam como escravo. Então, José passou muitos anos em um país estrangeiro, longe de seu pai, Jacó, e de seus amigos. No Egito, ele enfrentou muitas dificuldades, chegando a ser preso devido às mentiras de uma mulher casada, que o queria seduzir. Só que Deus tem em suas mãos todas as circunstâncias da vida e, no momento certo, Ele desfez todas as emboscadas e colocou José em uma posição de destaque no reino: fez dele governador.

Figura 18 – José foi uma pessoa muito importante no Egito, mostrando que, mesmo em condições adversas, Deus honra os seus servos.

8. MOISÉS

Morreu José e se passaram muitos anos. Depois disso, a família de José cresceu muito e os egípcios tinham medo de que eles dominassem o país. Então, veio um rei que não conhecia José e escravizou o povo de Deus (Israel). As pessoas sofriam e oravam ao Senhor por causa daquela situação. Até que Deus levantou Moisés para conduzir o povo até uma Terra abençoada que Ele havia prometido a Abraão. Deus, por meio de Moisés, usou dez pragas para mostrar a Faraó Sua grandeza. Então, Deus libertou o povo ao abrir o mar vermelho, permitindo a eles que atravessassem o mar com os pés secos.

Figura 19 – Moisés sendo preparado por Deus para libertar o povo de Deus.

As dez pragas

Deus enviou dez pragas no Egito para que Faraó libertasse o povo, são elas:

1) As águas dos rios viraram sangue.

2) Havia rãs no país inteiro.

3) Havia piolhos por todo o Egito.

4) Havia moscas no país inteiro.

5) Morreram os animais dos egípcios.

6) Apareceram feridas nas pessoas e animais.

7) Chuva de pedra destruiu animais e plantas.

8) Os gafanhotos destruíram toda a plantação do país.

9) Escuridão por três dias e três noites no Egito.

10) Morte do primeiro filho de pessoas e animais. Até o filho do Faraó morreu.

Figura 20 – Diversas pragas do Egito.

Filho adotivo

Como o povo de Deus (israelitas) estava cada vez mais numeroso, Faraó ordenou que todos os bebês recém-nascidos meninos fossem mortos. Então, a mãe de Moisés, querendo salvar a vida do filho, colocou-o em uma cesta no rio. A irmã do bebê, Miriã, acompanhava tudo ao longe. Até que a filha de Faraó viu a criança chorando e quis criá-la como se ele fosse seu próprio filho. Nisso, Miriã se aproximou e perguntou à filha de Faraó se ela poderia trazer uma moça israelita para cuidar do menino. Assim, a própria mãe de Moisés cuidou dele, que foi criado como filho da filha de Faraó.

Figura 21 – Moisés ainda bebê em uma cesta no rio.

A lição de Moisés

Essa é a primeira vez na Bíblia que acontece um grande milagre: o Mar Vermelho se abriu e o povo de Deus pôde atravessar a pés enxutos de uma margem a outra do mar. Naquele período, as pessoas estavam vivendo uma grande tristeza (escravidão) e Deus veio com grande livramento (libertação) para seu povo. Nessa história, Moisés foi um instrumento nas mãos de Deus e, mesmo com suas dificuldades pessoais (ele não falava direito), não se deixou abalar, cumprindo os propósitos de Deus para a sua vida. Depois disso, Moisés continuará guiando o povo pelo deserto até a chegada na Terra Prometida.

Figura 22 – Grandes obras são feitas pelas mãos de Moisés no Egito, cumprindo ele os propósitos de Deus.

9. DESERTO

Quando o povo de Deus finalmente deixou o Egito, eles se depararam com o deserto. Lá tinha falta de água, de comida e brigas com outros povos. Mas em tudo Deus dava o livramento. Lá muitos milagres aconteceram: Deus fez surgir água, o maná do céu (pão de Deus) e até carne ele deu ao seu povo. Nem a roupa deles envelheceu. Mas, ainda assim, o povo reclamava de tudo. Outra coisa que o povo fez de errado foi ser desobediente a Deus. Por causa disso, eles ficaram 40 anos rodeando pelo deserto. Foi nessa época que Deus orientou seu povo por meio dos Dez Mandamentos.

Figura 23 – Os israelitas caminhando no deserto rumo a Terra Prometida.

Os Dez Mandamentos

São estes os dez mandamentos que Deus deu ao seu povo:

1) Não tenham outros deuses, só o Senhor.

2) Não adorem imagens como se fossem o Senhor.

3) Não falem o nome de Deus em vão. Isso é coisa séria.

4) Guardem um dia da semana para se dedicar a Deus.

5) Respeitem seus pais.

6) Não matem.

7) Não adulterem (se a pessoa é casada ou tem um namorado, ela deve respeitar isso).

8) Não roubem.

9) Não mintam.

10) Não tenham inveja das coisas de outras pessoas.

Esses mandamentos servem para todos.

Figura 24 – Moisés traz as orientações de Deus para o povo por meio da Tábua dos Dez mandamentos.

A lição do deserto

Às vezes, em nossas vidas, nos deparamos com verdadeiros desertos: são períodos em que tudo parece dar errado, tristezas sem fim. Quando enfrentarmos situações assim, devemos levar em consideração o que aconteceu com o povo de Deus no deserto para não agirmos como eles. Não é bom ficar por aí reclamando de tudo e desobedecendo a Deus. A falta de gratidão traz coisas ruins para a nossa vida. Nessas horas, devemos nos apegar ao Senhor, orar, manter a fé e esperar pela ajuda de Deus, que certamente virá. Não se desespere. Afinal de contas, quanto maior for o deserto, maiores serão os milagres.

Figura 25 – E o povo segue caminhando pelo deserto em rumo a Terra Prometida.

10. TERRA PROMETIDA

O tempo passou e o povo de Deus chegou até a Terra Prometida. Antes disso, Moisés morreu e o povo passou a ser liderado por um homem chamado Josué. Primeiro, Josué enviou espiãs para observarem a terra. Eles viram que o lugar era bom, mas lá morava um povo poderoso, e os israelitas tiveram medo deles. Deus, então, prometeu que seria com eles em todas as batalhas, e que, ao final, aquela terra seria dos israelitas conforme Ele havia prometido. De fato, após inúmeras batalhas, cumpriu-se a promessa, porque, nos tempos de Josué, o povo era fiel a Deus, apesar das dificuldades.

Figura 26 – A terra que Deus prometeu ao povo é maravilhosa... Dela mana leite e mel.

A lição da Terra Prometida

Alcançar as promessas de Deus não significa que tudo acontecerá fácil em nossas vidas. Ao contrário, o que conquistamos na presença de Deus vem geralmente com lutas e dificuldades. Mas, com certeza, se formos fiéis e se o que pedirmos for da vontade de Deus, Ele nos abençoará. Deus tem reservado para nós e nossa família uma grande variedade de bençãos nessa Terra e, na eternidade, a salvação. A maior benção é a salvação da nossa alma. Não adianta termos coisas boas nessa vida se não vivermos juntos do Senhor. Para isso, temos que ser fiéis a Deus e a Jesus Cristo.

Figura 27 – A conquista da Terra Prometida era um processo diário, repleto de desafios, mas o povo, guiado pela fé, mantinha a esperança e a alegria em sua jornada.

11. OPRESSÃO NA TERRA PROMETIDA

O povo foi fiel a Deus durante a vida de Josué. Com sua morte, levantou uma geração que não queria compromisso com Deus. Então, o povo fez o que era mau diante do Senhor e caiu nas mãos dos inimigos. Deus levantou juízes para livrar o povo, mas eles não davam atenção aos juízes. Deus se compadecia do povo, mas o povo parecia não se importar e continuava sofrendo. A situação estava cada vez pior, de forma que os midianitas oprimiram Israel por sete anos e eles finalmente clamaram ao Senhor.

Figura 28 – Com a infidelidade do povo, os israelitas caíram nas mãos dos inimigos e tinham que pelejar contra eles.

Gideão

Sucedeu que, quando um homem chamado Gideão malhava o trigo no lagar, o anjo do Senhor apareceu a ele e o cumprimentou. Deus tinha um propósito: Gideão seria usado para libertar Israel da opressão dos midianitas. Assim, quando os midianitas estavam para atacar o povo, Gideão tocou a trombeta, chamando os homens de sua cidade para a guerra. Após juntar muitos homens, Deus decidiu que ele iria com apenas 300 homens para a batalha. O povo de Deus, então, desceu com trombetas e jarros vazios. Os midianitas, ouvindo aquele barulho, fugiram assustados e com medo porque Deus era com os israelitas.

Figura 29 – O povo de Deus lutou contra os midianitas com poucos homens, jarros vazios e trombetas, mas Deus deu a vitória.

Sansão

Novamente, o povo fez o que era mau diante do Senhor e eles foram entregues nas mãos dos filisteus. E o anjo de Deus apareceu a uma mulher estéril, dizendo que ela teria um filho consagrado a Deus. Este era Sansão. Sansão era muito forte, mas a força dele vinha de sua aliança com Deus (ele não podia cortar o cabelo). A missão de Sansão era libertar o povo das mãos dos filisteus. Os filisteus procuravam de todas as formas prender Sansão, mas não conseguiam devido à sua enorme força. Até que um dia, Sansão resolveu se casar com uma moça dos filisteus, que contou seu segredo ao povo inimigo e ele perdeu sua força.

Figura 30 – Sansão era forte e bonito. Ninguém podia resistir à sua força, pois ele tinha um voto com Deus.

A lição da Opressão na Terra Prometida

Depois que o povo de Deus alcançou a Terra Prometida, eles já não se esforçavam tanto para serem fiéis a Deus. Muitas coisas ruins aconteceram por causa disso. Vimos aqui dois exemplos: primeiro, o povo ficou refém dos midianitas; e, depois, dos filisteus. Nesse período, Deus levantou pessoas para livrar o povo. No caso de Sansão, ele se deixou levar pela esposa filisteia e quase não conseguiu alcançar seu objetivo porque também foi infiel a Deus. Só que, no final, Sansão orou ao Senhor e Ele lhe concedeu, pela última vez, sua força, libertando Sansão o povo de Israel das mãos dos filisteus.

Figura 31 – Esse foi um tempo de muitas batalhas porque o povo não era fiel a Deus.

Antigo Testamento para ler e colorir

12. RUTE

Noemi, o marido e dois jovens filhos se mudam para Moabe porque na Terra Prometida havia fome. Ali, os dois jovens filhos se casaram com mulheres moabitas, Rute e Órfa. Depois, morreram o pai e os dois filhos, ficando Noemi e as noras sozinhas. Noemi, então, resolveu voltar para sua Terra e pediu para que as noras retornassem para suas famílias. Mas Rute resolveu ficar com Noemi, servindo ao Deus de Israel. Por causa disso, o Senhor abençoou Rute e ela conheceu um homem bom e próspero que tirou ela e a sogra daquela situação. Esse homem se chamava Boaz e era parente de Noemi. Eles se casaram e nasceu Obede.

Figura 32 – Rute tinha um bom relacionamento com sua sogra, Noemi.

A lição de Rute

Rute, quando se casou com o filho de Noemi, não conhecia a Deus. No dia a dia com o marido e os sogros, ela passou a conhecer e a servir ao Deus de Israel. Quando seu marido e seu sogro faleceram, ela não abandonou a sogra e continuava servindo a Deus em sua companhia. Na época de Rute, as mulheres não trabalhavam e, por isso, dependiam financeiramente dos familiares homens (pai, irmãos e marido). A situação mais complicada era a das viúvas sem filhos, que, muitas vezes, viviam em condição de miséria, não tendo como se sustentar. Mas Deus, vendo a fidelidade de Rute, mudou sua história e também de sua sogra.

Figura 33 – Em virtude da fidelidade de Rute, Deus a abençoou e ela se casou com um homem bom e próspero.

13. SAMUEL

Ana era uma mulher estéril, que queria muito ter um filho, mas não conseguia. Ela sempre orava a Deus, mas não tinha seu pedido atendido. Até que um dia, ela fez uma promessa a Deus, dizendo que, se Ele lhe desse um filho menino, ela o entregaria para servir ao Senhor como sacerdote. Deus, então, atendeu ao pedido de Ana e ela deu à luz Samuel. Samuel, desde pequeno, foi criado no Templo e observava que os filhos do sacerdote não levavam as coisas de Deus a sério. Mas ele não se deixou influenciar por eles, sendo fiel ao Senhor. Até que Deus começou a falar com Samuel, dando início ao seu ministério.

Figura 34 – Deus atende às orações de Ana e ela engravida de Samuel.

A lição de Samuel

Desde antes de Samuel nascer, sua mãe já orava por ele. Quando criança, Samuel foi um menino abençoado, pois, mesmo vendo outras pessoas fazerem coisas erradas perto dele, ele continuava justo e temente a Deus. Assim foi durante toda sua vida adulta, até sua morte. A Bíblia mostra Samuel como um grande homem de Deus, profeta e sacerdote, que se deixou ser usado por Deus para se cumprirem Seus propósitos em sua vida.

Devemos nos inspirar em Samuel, afinal de contas, a fidelidade a Deus traz muitas coisas boas para nossas vidas. Seja como Samuel, e você, com certeza, será uma pessoa muito abençoada.

Figura 35 – Samuel caminhou com Deus, sendo fiel com ele por toda sua vida.

14. REIS DE ISRAEL

Quando Samuel ficou velho, seus filhos eram juízes de Israel, mas eles não eram fiéis a Deus como o pai. Então, os anciãos de Israel pediram a Samuel que colocasse um rei sobre eles, como os demais países. Samuel orou a Deus, que não gostou nada daquilo, mas atendeu ao pedido do povo. O primeiro rei de Israel foi Saul. As pessoas ficaram muito felizes. Saul era alto, bonito e forte. Deus, então, disse a Saul que, se ele fosse fiel, tudo iria bem no seu reinado. Mas, no fim, Saul foi desobediente e Deus se arrependeu de ter feito dele rei. Então, Deus ordenou a Samuel que ungisse outro rei.

Figura 36 – Deus atende ao pedido do povo que queria que Israel fosse governado por reis.

Davi (1)

Deus enviou Samuel à casa de Jessé, que tinha oito filhos, para ungir o futuro rei de Israel. E Samuel viu que Jessé tinha filhos altos, bonitos e de boa aparência. Acreditava ser um deles o futuro rei de Israel. Mas Deus o alertou dizendo: "Não atentai para a aparência, Eu não vejo como o homem vê. Eu vejo o coração." Jessé apresentou a Samuel sete dos seus filhos mais fortes e bonitos, mas Deus falou para Samuel que não eram aqueles. Então, o profeta perguntou a Jessé se ele tinha mais algum filho e ele se lembrou de Davi, seu filho menino que estava cuidando das ovelhas. Samuel, ao ver Davi, o ungiu rei de Israel.

Figura 37 – Davi, ainda menino, pastoreava as ovelhas de seu pai.

Davi (2)

Passaram-se muitos anos desde que Samuel ungiu a Davi e ele ainda não era rei de Israel. O rei Saul desconfiava que Davi seria o novo rei de Israel, tinha inveja dele e queria matá-lo. Saul então começou a perseguir Davi, querendo fazer mal a ele. Aconteceram diversas ocasiões em que Davi poderia ter atacado Saul, mas não o fez porque o respeitava como rei. Tempos depois, em uma batalha dos filisteus contra o povo de Israel, morreram Saul e seus três filhos. Com isso, Davi virou rei de Judá e, depois, rei de Israel. Davi foi um rei muito abençoado e teve diversas vitórias até que ele pecou contra Deus.

Figura 38 – Davi era corajoso e tinha uma fé inabalável. Ele tinha também um excelente talento musical, sabendo de tocar harpa. Sua música tinha o poder de acalmar o espírito perturbado do rei Saul.

Davi (3) – o pecado

Um dia, estava Davi no terraço do palácio, quando ele avistou uma linda moça chamada Bate-Seba. Só que Bate-Seba era casada com um de seus soldados, Urias. O rei, não se importando com isso, namorou a moça e ela engravidou. Para encobrir seu pecado, Davi colocou Urias em uma posição ruim na batalha e ele morreu. Depois, o profeta Natã chamou a atenção de Davi e ele se arrependeu, mas as consequências do seu pecado vieram. Aconteceram muitas coisas ruins na vida de Davi, dentre elas, a morte de dois de seus filhos, incluindo o bebê de Bate-Seba.

Figura 39 – Davi com Bate-Seba após a morte de Urias.

Salomão

Salomão foi o segundo filho de Davi com Bate-Seba. Sendo Davi já velho, Bate-Seba pediu a ele que Salomão reinasse em seu lugar e Davi concordou. E Deus era com Salomão. Certo dia, apareceu o Senhor a Salomão e disse: "Pedes o que quiseres e eu te darei." Salomão, então, pediu sabedoria para reinar sobre o povo. Deus se agradou desse pedido e fez dele um homem muito sábio. No reinado de Salomão, Israel alcançou muita riqueza e prosperidade. Ele construiu também um grande templo ao Senhor, o Templo de Salomão. Só que, no final de sua vida, Salomão, influenciado por suas mulheres, pecou contra Deus e Ele o reprovou.

Figura 40 – Salomão se torna rei de Israel.

A sabedoria de Salomão

Um dia, Salomão julgou a causa de duas mulheres que, dando à luz seus filhos na mesma época, foram dormir. No dia seguinte, um dos bebês estava morto. As duas mães, então, brigavam entre si, dizendo que a criança viva era seu filho. Salomão fez um teste: pediu uma espada e falou que cortaria o bebê ao meio, dando uma metade para cada mulher. Nesse momento, a verdadeira mãe chorou, pedindo ao rei que deixasse o bebê vivo, mesmo que ele ficasse com a outra mãe. Nisso, Salomão, com sua sabedoria, conseguiu desvendar quem era a mãe do bebê.

Figura 41 – Salomão julga sabiamente a causa de duas mães.

A lição dos Reis de Israel

O povo de Israel queria ser governado por reis porque os outros países eram. Deus não se agradou disso, visto que Israel era comandado por Ele. O homem é imperfeito e, por mais que queira ser fiel a Deus, muitas vezes não consegue. Assim, o povo passou a depender da fidelidade do seu governante ao Senhor: quando o rei era fiel a Deus, a nação prosperava; mas quando não era, o povo sofria. A história dos Reis de Israel nos ensina a não depositarmos nossa confiança no homem (que é imperfeito) e sim em Deus. O Senhor, conhecedor de todas as coisas, saberá como melhor nos direcionar.

Figura 42 – Israel deixa de ser governado por Deus e passa a ser governado por homens.

15. ELIAS

Elias era um profeta que viveu nos tempos de Acabe, um rei muito mau, mais do que todos os outros de sua época. Então, Deus usou Elias para falar ao rei que, devido à sua infidelidade, não choveria mais na terra, até o dia em que ele assim o quisesse. Seguindo a orientação de Deus, Elias fugiu e se escondeu perto de um ribeiro. Durante algum tempo, ele ficou ali, sendo alimentado por corvos que traziam pão pela manhã e carne à noite. Mas um dia, o ribeiro secou por completo e Elias também começou a passar dificuldade. Foi aí que Deus disse a ele que fosse até a casa de uma viúva, que ela o alimentaria.

Figura 43 – Elias, o profeta.

Elias e a viúva

Obedecendo à direção de Deus, Elias foi até a casa de uma viúva em Serepta. Chegando lá, ele pediu água e ela deu. Depois, pediu bolo, mas ela não tinha nada em casa, apenas um pouco de farinha e azeite. Então, o profeta disse para a viúva fazer um bolo pequeno para ele e outro para ela e seu filho. Elias, então, profetizou que naquela casa haveria fartura e nada faltaria à viúva até o dia em que voltasse a chover em Israel. Tempos depois, Elias, orientado por Deus, foi até o rei, convidando-o e a seus servos para um desafio no Monte Carmelo, pois ele estava insatisfeito com a situação do povo.

Figura 44 – Elias prosperou a viúva de Serapta.

Elias e os profetas de Baal

O rei Acabe era infiel a Deus e, no tempo dele, o povo também havia abandonado a fé e adorava ao deus Baal. Elias era o único profeta de Deus na região. Então, ele convidou os profetas de Baal para um desafio no Monte Carmelo. O desafio era assim: montaram dois altares, um para Baal e outro para o Senhor. O altar que pegasse fogo era do verdadeiro Deus. Os profetas de Baal começaram, então, a clamar e gritar por Baal, mas nada aconteceu. Elias, por meio de uma simples oração, foi atendido e o fogo caiu do céu. O povo viu que só o Senhor é Deus.

Figura 45 – Elias desafia os profetas de Baal.

A lição de Elias

Elias foi fiel a Deus em um tempo que ninguém mais era: todos haviam deixado Deus e adoravam a Baal! Mas Elias, por meio de sua fé, ficou firme na presença do Senhor, sendo o único representante de Deus em sua região. Por isso, Deus foi com ele e o livrou de situações difíceis (fome, sede e da fúria do rei Acabe). Além disso, Deus fez, por intermédio de Elias, milagres maravilhosos, sendo ele um grande profeta de Deus. A história de Elias nos mostra que, quando somos fiéis, mesmo sendo o único representante de Deus em um lugar (casa, escola, trabalho), somos grandemente abençoados por Ele.

Figura 46 – Elias fugindo da perseguição do Rei Acabe.

16. ELISEU

Eliseu começou seu ministério seguindo ao profeta Elias a mando de Deus. Antes de Elias ir para o céu, ele fez uma oração por Eliseu, pedindo a Deus que lhe abençoasse duas vezes mais do que ele. Uma vez, uma viúva pobre e endividada procurou Eliseu, pois estavam querendo levar seus filhos como escravos para o pagamento da dívida. Eliseu perguntou à viúva o que ela tinha em casa, mas ela só tinha um pouco de azeite. Então, Eliseu orientou que ela pedisse potes emprestados aos vizinhos. Quando Eliseu começou a derramar azeite, não parava de cair e, assim, se encheram muitos potes.

Figura 47 – Eliseu multiplica o azeite da viúva.

Eliseu e Naamã

Naamã era chefe do exército do Rei da Síria, homem de autoridade, mas leproso. Ele tinha uma serva que temia ao Senhor. A jovem, então, falou à sua senhora: quem dera, meu senhor, Naamã conhecesse o profeta que habita na Samaria, ele seria curado. Então, Naamã procurou o rei da Síria e foi levado até o profeta Eliseu, que o orientou a se lavar sete vezes no rio Jordão. Naamã, a princípio, não gostou nada disso, pois ele esperava que o profeta orasse, colocasse a mão no lugar da doença e ele fosse curado. Mas depois, ele resolveu fazer como Eliseu havia dito, e, para sua surpresa, foi curado!

Figura 48 – Naamã é curado da lepra.

A lição de Eliseu

Eliseu seguiu os passos de Elias, sendo um profeta tão importante quanto ele. Assim como Elias, Eliseu foi temente a Deus e muito abençoado. Ele foi usado por Deus para fazer muitos milagres, dentre eles, a multiplicação do azeite da viúva e a cura de Naamã. A vida de Eliseu confirma o que a história de outros servos de Deus diz: se você for fiel ao Senhor em todos os seus caminhos, será abençoado. Por outro lado, se você for infiel e fizer coisas más, mais cedo ou mais tarde, terá de lidar com as consequências de suas más ações. Portanto, amiguinhos, sejamos crianças obedientes e fiéis a Deus!

Figura 49 - Eliseu é usado por Deus e realiza muitos milagres ao longo de sua vida.

17. ESTER

Ester foi uma jovem criada por seu primo Mardoqueu porque não tinha pai e nem mãe. Acontece que, naquele tempo, o rei Assuero do Império Persa procurava uma rainha dentre as jovens das províncias locais. Ester, apoiada por seu primo, se candidatou. Ela, então, e outras jovens se prepararam durante um ano com diversos tratamentos de beleza. Mardoqueu aconselhou Ester a não dizer que ela era judia, porque os judeus eram perseguidos na Pérsia. Quando o rei conheceu Ester, ele se apaixonou por sua beleza e bondade, sendo ela escolhida para ser a nova rainha da Pérsia. O rei ficou tão feliz que deu um banquete.

Figura 50 – Ester no concurso de beleza promovido pelo Rei Assuero.

Ester (2)

E o rei Ansuero promoveu Hamã, um de seus oficiais, a um cargo elevado. Hamã não gostava do povo de Deus e queria acabar com eles. Hamã foi falar com o rei e ele lhe deu autoridade para fazer o que quisesse com os judeus. Mardoqueu e o povo de Deus ficaram muito aflitos. Ester também era judia, e agora? Mardoqueu pediu a ajuda de Ester, que também corria risco de vida. Ester, então, pediu ao povo que jejuasse por ela e chegou até a presença do rei. Ester ofereceu um banquete ao rei e a Hamã. No final, ela pediu ao rei que poupasse sua vida e do seu povo, sendo o rei favorável ao seu pedido.

Figura 51 – Ester, em posição de honra, junto ao Rei no palácio.

A lição de Ester

Deus colocou Ester em um lugar de autoridade: ela era Rainha da Pérsia. Mais tarde, Ele mostrou para Ester o porquê de tudo aquilo – era para livrar o povo de Deus da morte. Assim é a vida do servo de Deus neste mundo: para todas as situações, Deus tem um propósito. Nós não sabemos o porquê de as coisas acontecerem, mas Deus sabe. Certamente tem um motivo de você ter nascido na sua família, estudar na escola onde estuda, conhecer os amiguinhos que você conhece. Não se preocupe em desvendar os mistérios de Deus. Independentemente do que aconteça na sua vida, seja fiel e creia que Ele te guiará em tudo para o seu próprio bem.

Figura 52 – Ester, em diversos momentos de sua vida, fazendo a vontade de Deus e sendo honrada por Ele.

18. JÓ

Havia um homem na terra de Uz chamado Jó. Ele era temente a Deus e fugia do mal. Jó era um homem abençoado: tinha muitos bens e uma boa família. Um dia, o inimigo se apresentou diante de Deus, afirmando que Jó só era fiel porque tinha muitas bençãos. Pediu, então, ao Senhor autorização para tocar em Jó e colocar problemas na sua vida. O Senhor permitiu porque sabia da integridade do seu servo. Jó perdeu bens, seus filhos morreram, ele ficou gravemente doente. Até sua esposa estava sem paciência com ele. Alguns amigos o vieram visitar e disseram palavras ruins para ele. Foram dias difíceis para Jó.

Figura 53 – As "más notícias" alcançam a vida de Jó.

Jó (2)

Jó se lembrava do seu passado feliz e não entendia o que estava acontecendo. Ele, então, começou a achar que Deus estava sendo injusto com ele. Depois de um tempo, Deus resolveu falar com Jó: Ele disse a Jó que ele não compreendia como e por que tudo aquilo estava acontecendo, por isso dizia coisas erradas. Jó concordou e pediu perdão ao Senhor. Deus, então, curou a doença de Jó e restaurou sua vida, dando a ele tudo o que ele já tinha anteriormente em dobro. E nisso tudo, Jó não pecou contra Deus. Ao final, Deus ficou bravo com os amigos de Jó pelas atitudes deles, mas Jó orou e eles foram perdoados.

Figura 54 – Tempos de restauração para Jó.

A lição de Jó

A história de Jó nos traz uma lição muito importante: mesmo sendo fiéis a Deus, a gente passa por situações muito difíceis em nossas vidas, tais como: ficar doente, perder as coisas, ficar triste etc. E outra coisa: não é porque uma pessoa está passando por situações difíceis na vida que ela não é fiel a Deus. Não devemos julgar a vida de ninguém. Deus é quem sabe de cada pessoa deste mundo, da comunhão dela com Ele, se ela é fiel ou não. Nós devemos nos preocupar com nossa própria vida e não com a vida dos outros. Lembre-se dos amigos de Jó que ficavam julgando-o. Deus não se agradou disso.

Figura 55 – Jó refletindo sobre sua vida.

19. DANIEL

E sucedeu que, em um momento da história, um rei mau, chamado Nabucodonosor, atacou Jerusalém e cercou a cidade. O rei, então, mandou escolher, entre os jovens do povo de Deus, alguns com boa aparência e inteligência, para servirem no palácio. No meio desses jovens, estavam Daniel e seus amigos, que receberam novos nomes: Daniel era Beltessazar, Hananias era Sadraque, Misael era Mesaque, e Azarias era Abedenego. Os jovens seriam treinados por três anos e depois disso começariam a trabalhar no palácio do rei, sendo a função deles muito importante para aquela nação.

Figura 56 – Daniel e seus amigos Hananias, Misael e Azarias têm suas vidas mudadas quando o rei Nabucodonossor ataca e cerca Jerusalém, levando o povo ao cativeiro.

Daniel (2)

O rei decidiu que Daniel e seus amigos deveriam se alimentar da mesma comida e bebida que ele. Mas Daniel não queria comer daquela comida por motivo de fé. Então, ele pediu ajuda ao cozinheiro e passou a se alimentar somente de água e legumes. No final de dez dias, ele estava mais forte e saudável do que os demais. Deus deu àqueles jovens um conhecimento profundo da ciência dos babilônios e a Daniel o poder de explicar visões e sonhos. Assim, em algumas ocasiões, Daniel decifrou os sonhos do rei e, em agradecimento, ele lhe deu muitos presentes e o pôs como governador da Babilônia.

Figura 57 – Daniel tinha o dom de decifrar visões e sonhos das pessoas.

A importância de uma alimentação saudável

Daniel e seus amigos se recusaram a comer a comida do rei Nabucodonosor por motivo de fé. Mas por que naquele tempo Deus fazia restrições de comida? Não sabemos ao certo essa resposta. Mas, se observarmos a alimentação de Daniel e seus amigos (frutas, legumes e água), uma coisa temos certeza: eles levavam uma vida muito saudável. A saúde para eles era uma prioridade. Na atualidade, podemos e devemos cuidar do nosso corpo para crescermos saudáveis e livres de doenças. Isso é excelente para nós!

Figura 58 – Assim como Daniel e seus amigos, nós também devemos nos esforçar para cuidar da nossa saúde e alimentação.

Daniel na fornalha

O rei Nabucodonosor mandou fazer uma estátua de ouro dele próprio e ordenou que as autoridades viessem à cerimônia de inauguração. Foi dito que, quando tocassem algum instrumento, todos deveriam se ajoelhar e adorar a estátua. Quem não fizesse isso, seria jogado na fornalha de fogo acesa. Assim, quando os instrumentos começaram a tocar, todos se ajoelharam, menos Daniel e seus amigos. Então, o rei jogou todos na fornalha. Mas, de forma milagrosa, nenhum mal aconteceu a eles. Foi visto ainda um quarto homem (filho de Deus) com eles na fornalha.

Figura 59 – A fornalha de fogo.

A cova dos leões

O rei Dario dividiu o país em províncias e escolheu três ministros para controlarem os governadores. Um deles era Daniel, que se destacava, e o rei pensava em colocar ele como chefe de todos. Os demais ficaram com inveja e procuravam motivos para prejudicar Daniel. Então, eles propuseram ao rei que durante 30 dias ninguém pedisse nada a Deus, somente ao rei. Quem fosse pego orando iria para a cova dos leões. O rei concordou. Mas Daniel era fiel ao Senhor e foi visto orando em seu quarto. Então, Daniel e seus amigos foram para a cova dos leões, mas nada aconteceu a eles.

Figura 60 – Daniel na cova dos leões.

A lição de Daniel

Daniel foi muito abençoado por Deus em um tempo difícil, quando os hebreus foram mantidos em cativeiro pelo rei da Babilônia. Aos olhos humanos, não havia um bom futuro para Daniel e seus amigos. Mas, como não há impossíveis para Deus, eles foram escolhidos para trabalhar no Palácio Real, tendo um emprego bom e próspero. Devido à sua comunhão com Deus, Daniel foi abençoado com sabedoria e dons divinos, motivo pelo qual ele ganhou a confiança do rei, tornando-se governador da província da Babilônia. Assim é Deus na nossa vida, não importa as dificuldades, coisas inacreditáveis podem acontecer.

Figura 61 – Daniel, apesar de viver diversas dificuldades, foi muito abençoado, mostrando que a fidelidade a Deus traz recompensas.

20. JONAS

Jonas era profeta de Deus e vivia em Israel. Certo dia, ele recebeu um chamado de Deus para pregar em uma cidade chamada Ninive, falando para as pessoas se arrependerem dos seus pecados. Mas Jonas teve medo, pois sabia que lá vivia uma gente muito violenta. Então, ele decidiu desobedecer a Deus e fugir para Tarsis. Jonas, então, comprou uma passagem de navio e embarcou. Quando começou a viagem, teve uma grande tempestade e as pessoas começaram a orar a seus deuses. Mas Jonas estava dormindo no porão. Os tripulantes do navio acordaram Jonas e ele contou que estava fugindo de Deus.

Figura 62 – O navio em que Jonas estava, enfrentou uma grande tempestade.

Jonas (2)

Então os tripulantes ficaram com medo, jogaram Jonas no mar, e a tempestade parou. Jonas caiu no mar e foi engolido por um grande peixe, ficando na barriga dele por três dias e três noites. Mas lá, em angústia, Jonas se arrependeu de não ter cumprido a ordem de Deus e orou, pedindo perdão ao Senhor. Ao ouvir essa oração sincera, Deus mandou que o peixe vomitasse Jonas na praia. Jonas, então, sabia que Deus havia lhe dado uma segunda chance e partiu para Ninive. As pessoas de Ninive, ouvindo a mensagem de Jonas, se arrependeram dos seus pecados e foram perdoadas por Deus.

Figura 63 – Deus usou um grande peixe para preservar a vida de Jonas

A lição de Jonas

Jonas foi um servo de Deus que viu tudo dar errado em sua vida no momento em que ele resolveu desobedecer a Deus. Assim somos muitos de nós que, entre obedecer e desobedecer ao Senhor, escolhemos conscientemente não cumprir o que Ele tem para as nossas vidas. Escolher obedecer ao Senhor é sempre a melhor opção. Mas, se em algum momento de nossas vidas não fizermos isso, poderemos nos arrepender, pois Deus é misericordioso e certamente perdoará os nossos pecados. Na Bíblia, Deus mostra os pecados de seus servos, para sabermos que todos pecamos e precisamos do Seu perdão.

Figura 64 – Por fim, Jonas obedeceu a Deus e pregou em Nínive.

21. ISAÍAS

Os profetas eram escolhidos de Deus para enviarem a palavra Dele ao povo. No antigo testamento, havia muitos profetas, mas vamos falar aqui do profeta Isaías. Isaías foi um homem muito importante em sua cidade, que Deus separou para ser seu mensageiro. Então, ele passou a ter visões e sonhos sobre o Reino de Deus. Isaías andava pelas ruas, falando do Senhor. Em uma de suas mensagens, ele profetizou sobre a vinda do servo sofredor e o sacrifício que Deus faria por meio Dele para nos salvar. Tempos depois, as profecias de Isaías se cumpriram com o nascimento do nosso Senhor e Salvador Jesus Cristo.

Figura 65 – Isaías era um profeta que tinha sonhos e visões sobre o Reino de Deus.

22. MENSAGEM DE FÉ E ESPERANÇA

Terminamos este livro com uma mensagem de fé e esperança trazida pelo profeta Isaías:

"Portanto, o mesmo Senhor vos dará um sinal: Eis que a virgem conceberá, e dará à luz um filho, e chamará o seu nome Emanuel" (Isaías 7: 14).

Figura 66 – A jovem Maria, virgem, engravida pelo Espírito Santo, e dá à luz ao Messias (Mateus 1:22-23).